ANALFABETISMO FINANCIERO

Autores: **Coach Felicidad Laura Levy Ros, Omar Téllez, Henry Rodriguez y Guillermo Vasquez Gomez**

ISBN-10: 1515164640

ISBN-13: 978-1515164647

Contenido

Descripción.

OBJETIVO GENERAL

El objetivo del presente libro es dar a conocer las consecuencias que tiene la falta de educación financiera en las personas. En el libro tocaremos temas puntuales, como la educación financiera dándole un enfoque hacia las finanzas personales y como te puede ayudar a salir de esa zona de confort, que no te permite avanzar o no sabes que hacer para salir de la situación que te encuentras. Las finanzas personales son una función que se encarga de la dirección y orientación a las personas como manejar sus ingresos.

OBJETIVOS ESPECIFICOS

- Establecer los efectos de la falta de educación básica financiera en la población objeto de estudio.

- Proponer estrategias que te permitan disminuir la ignorancia financiera.

QUE ES EL ANALFABETISMO FINANCIERO?

El analfabetismo financiero es la falta de educación financiera que existe en gran parte de la sociedad. Ya que vivimos en un mundo cada vez más globalizado y más riesgoso financieramente. La necesidad de educarse en este tema surge de las adversidades específicas que experimenta la mayoría de la sociedad. La carencia de una adecuada educación financiera ha generado la falta de una cultura del ahorro entre los mexicanos, puesto que en el país hay 45 millones de personas que no tienen el hábito de guardar parte de sus ingresos.

Así que tenemos que dejar de ser analfabetos financieros, y tenemos que educarnos financieramente.

INTELIGENCIA Y EDUCACION FINACIERA ES SIMPLEMENTE TENERMAS OPCIONES.

El conocimiento que obtenemos a diario es lo que nos permite tener más opciones y estas opciones son las que vamos almacenando para utilizar en el momento en que surgen los problemas financieros. O aún mejor, podemos utilizar este conocimiento paraprevenir problemas futuros y utilizar.

Existen otros tipos de inteligencia como la académica o la profesional, y son muy necesarias también, pero hoy en día se está haciendo hincapié en desarrollar la inteligencia financiera tanto como las otras, no por avaricia, sino para aprender a manejar mejor el dinero y los negocios.

Hay dos formas muy cómodas para NO resolver los retos financieros propios:

1) Que alguien los resuelva por nosotros.

Si somos dueños de un negocio y contratamos personas para que resuelvan problemas específicos estaría bien, pero si por ejemplo esperamos que el gobierno resuelva nuestros problemas, es difícil no desilusionarse.

Contratar a una persona que maneje e invierta nuestro dinero, tiene el problema de que nos impide aprender, y peor aún, le estamos pagando a alguien para que aprenda con nuestro dinero.

2) Esquivarlos.

Para explica este tipo de problemas voy a utilizar una frase de un reconocido financiero pero esta frase explica muy bien por qué las personas esquivan sus problemas financieros.

"Muchas personas trabajan resolviendo problemas para los ricos. El contador, cuenta el dinero del rico, la secretaria contesta sus llamadas y atiende respetuosamente a sus clientes, el abogado lo protege de otros abogados, pero muchas de estas personas, llegan a su casa y no pueden resolver sus propios problemas financieros. En vez de ver sus problemas como una oportunidad para hacerse más inteligentes, solo llegan a su hogar, asan carne, ven la televisión y al otro día vuelven al trabajo para resolver los problemas de otros y enriquecer a alguien más."

La inteligencia financiera, no tiene misterio, es cuestión de ejercitarla, consumiendo información, aplicando, cometiendo errores y ganando experiencia.

Educación financiera, "La habilidad de tomar decisiones efectivas respecto al uso y manejo del dinero.

Y te preguntaras como empiezo mi educación financiera, no te preocupes comenzamos para que dejes el analfabetismo financiero.

Sobre los autores:

Somos 4 Emprendedores y Empresarios de Internet que nos juntamos en el Mega Evento Maestría en Múltiple Fuentes de Ingresos y Maestría en Info Productos de Colombia donde nos pusieron como reto hacer este libro en equipo y nosotros así lo decidimos hacer y pusimos acción y aquí plasmamos nuestros granito de arena en conjunto para que tú puedas tener en tu vida una mejor vida.

Y que no tengas más Analfabetismo Financiero.

Autores: Coach Felicidad Laura Levy Ros, Omar Téllez, Henry Rodriguez y Guillermo Vasquez Gomez

Agradecimientos

Agradecemos a todos estos Grandes Master´s de este Mega Evento

De Maestría en Info-Productos Colombia y Maestría en Múltiple Fuentes de Ingresos

Helio Laguna, Osvaldo Martínez, Regina Carreón, Mario Corona, Javier Quiroz, Gabriel Blanco y todos los otros Coaches que están en este evento y en todos en este MOVIMIENTO AMI.

Que nos da las herramientas, el cómo, el accionar y sobre todo

Nos ayuda a crear abundancia financiera que tanto deseamos todos.

Somos parte de esta Revolución en Internet que salió de lo virtual a lo presencial donde ayudamos a todos los que quieren mejorar su calidad de vida en pro de ayudar al mundo a progresar.

Gracias, Gracias, Gracias!!!!

Nuestro Equipo 6 ONLINE

Coach Felicidad Laura Levy Ros, Omar Téllez, Henry Rodriguez y Guillermo Vasquez Gomez

Esperamos que sea de mucha ayuda a tod@s este libro hecho desde el corazón, la mente y el alma para todos ustedes.

Vive tu mejor Vida! Se Simple Se feliz!
Coach Laura Levy Ros

Tips y consejos para Educarte Financieramente

7 tips para ahorrar

El ahorro es importante porque te ayudará a establecer una reserva para el futuro. Todos hemos intentado en alguna ocasión ahorrar sin conseguirlo, pero si te formas el hábito, podrás lograrlo. Te ayudamos con 7 tips para ahorrar de forma adecuada.

1. **Comienza con una alcancía** y mete ahí todas las monedas que te sobren del día o fíjate una cuota diaria. Define qué monedas come el cochinito y solamente ingresa de esas siempre que tengas a la mano, independientemente de la cantidad que sea.

2. **Ten una cantidad mínima, segura, en tu cartera** y trata de no traer demasiado cambio contigo. Así evitarás la tentación de comprar un refresquito por aquí, un heladito por allá o chucherías que no necesitas que se atraviesen en tu camino.

3. **Ten una meta económica.** Es decir, piensa que quieres ahorrar porque tu fin es comprarte algo o pagarte un viaje. Mientras más concreto, mejor. Si no, ahorra pensando que será muy grato "romper el cochinito" y encontrarte con que te alcanza para algo que hace mucho querías.

4. Canaliza tu energía y buen humor en actividades creativas o recreacionales que te hagan sentir bien. **No dependas del dinero para ser feliz.**

5. **"Gasta menos de lo que ganas"** es un principio básico de administración y finanzas y aplica mucho para la vida moderna donde a la gente se le olvida que lo que firma con la tarjeta de crédito también se tiene que pagar.

6. **Haz una lista de gastos fijos mensuales.** Fíjate si pudieras reducir o eliminar alguno. Durante un mes, monitorea tus gastos y divídelos en categorías para saber en qué se te va el dinero ¿Es en comida? ¿Compras? ¿Gasolina? Y si sí, ¿podrías reducirlo? ¿Cómo? Crea alternativas que sean más económicas y, al mismo tiempo, satisfactorias para ti.

7. Las deudas de tu pareja son eso: Deudas de tu pareja, **no responsabilidades tuyas, ni mucho menos obligaciones.**

¡Inicia hoy tu meta de ahorro!

DONDE ESTA TU FRENO.

Muchos quieren y desean ser millonarios, pero muy pocos lo logran. Pero qué pasa con la mayoría, algunos dirán es cuestión de suerte. Es posible que hayas escuchado comentarios similares a: "*Oh, ese tipo se hizo rico con su negocio, qué tipo con suerte!*". Y sí, realmente hay muchas historias de muchas personas que se han hecho millonarias en muy poco tiempo y con excelentes ideas, otras siguiendo los consejos de otros millonarios.

Volverte millonario es un tema tabú. Decir que esto puede lograrse parece más como una fantasía. No debería ser así, ya que esto es posible

Conozco a un hombre que durante 5 años fue asistente de gerencia. De repente, comenzó un pequeño negocio. Ahora su negocio vale $180 millones de dólares y es propietario de la mitad de mi ciudad. Ridículo!.

Los Verdaderos frenos para lograr la riqueza económica están en la mente. Uno de ellos es el miedo, "El miedo te paraliza", Huy!! apuesto que no te esperabas esto. Mira si pones atención te darás cuenta que el miedo es algo que está en nosotros, es algo mental, psicológico, lo que quiere significar que en realidad no existe y es producto de tus paradigmas mentales y creencias inculcadas desde tu infancia (en algunos casos).

Un claro ejemplo de cómo el miedo nos paraliza, nos hace dudar de nosotros; algunas personas hasta le temen a TENER ÉXITO, HA SER RICOS, HA TENER DINERO como más lo podría decir, A TENER PLATA puede que no conscientemente, pero su subconsciente está lleno de basura (creencias y paradigmas) como por ejemplo," ser de los más ricos de mi país es para otros, no para mí, es para personas de cuna de plata", "no soy tan inteligente, como para tener una idea tan buena como la que acabo de tener" " Todos los ricos han llegado ahí, porque han robado mucho"

"El **miedo** o **temor** es una emoción caracterizada por un intenso sentimiento habitualmente desagradable provocado por la percepción de un peligro, real o supuesto, presente, futuro o incluso pasado. Es una emoción primaria que se deriva de la aversión natural al riesgo o la amenaza

Cómo eliminamos el miedo? Existe un ejercicio que se lo aprendí a Tony Robbins (coach N1 en el mundo) y consistía en que si notas que tienes miedo por algo y no lo realizas; por lo general es porque tienes conflictos o choques de trenes mentales. Analiza que posible tren te esta chocando con tu meta. O si es una creencia, reflexiona que pensamiento "creencia" es el que te está deteniendo.

El hecho de que ahora seas consciente de esto creara un nuevo dominio de tus emociones.

QUE EVITA TU DESARROLLO ECONOMICO

La forma de ser millonario no existe, si no ya se sabría y todo el mundo la compraría, quizá hay formas de hacer dinero pero el éxito radica en muchas variantes .si no sabes que hacer solo busca y solo buscando encontraras ,y cuando sepas que hacer planifica y sigue paso a paso ,si avanzas paso a paso a tu objetivo será inevitable que llegues a él, y por ultimo busca a una persona que ya gano mucho dinero para que te enseñe sus técnicas.

La respuesta sencilla es que en alguna parte de tu vida debe de existir un freno invisible, pero real, que te impide despegar de la forma que tú quisieras. En el fondo, tú sabes que hay algo frenándote. En realidad, puede que tu vida esté bloqueada por uno de los 3 Frenos Universales.

Para poder seguir avanzando y llegar a donde tú quieres, crear la vida que tú quieres, tienes que aprender a descubrir, reconocer y soltar cualquiera de eso frenos...

Si eres como la mayoría de las personas emprendiendo el camino de la consciencia, probablemente, ya estés cansado/a de leer libros de autoayuda, de marcarte metas ambiciosas, de repetir afirmaciones que ni siquiera tú eres capaz de creer, de esperar, desear, volver a esperar y... ¡que no ocurra nada!

Si eres como la mayoría de los adultos trabajadores, sientes que vas por la vida con el freno de mano puesto, a veces incluso dudando del propio camino. Sientes algunas afinidades pero no sabes qué alternativa escoger. Tienes ganas de entregarte a fondo a algo o alguien y que las cosas salgan bien pero a veces te preguntas si de verdad sabes lo que quieres o por qué lo quieres. Te ves increíblemente atareado/a corriendo por todos lados pero, en el fondo, te preguntas si estás llegando a alguna parte, vez que todo es un fracaso y te sumes en la frustración

El fracaso, lejos de ser una situación en la que te encuentras inmerso, se convierte en un **sentimiento de frustración** al no alcanzar las metas previstas, ya sean por ti, por la empresa o por un personaje externo. Cuando esto sucede, tu mente se paraliza y parece no hallar opciones ni respuestas. <u>**La frustración se presenta de distinta manera en las personas**</u>: existen aquellas donde la frustración es imperceptible y aquellas en las que se convierte en algo sumamente poderoso.

Es un hilo tan sensible, que sólo basta con sentirnos inconformes en un área de nuestra vida para llegar a algún estado de frustración, ya sea con la pareja, con el sobrepeso, con una mala experiencia en el trabajo, con la situación económica, nuestra falta de organización; cualquier situación en la que no nos sintamos capaces de encontrar soluciones, simplemente **nos rendimos**.

Cual el camino que sigues

Si no tienes éxito económico es que estas
equivocando el camino, comenzando con tener
una bajo autoestima, no tener una visión del
futuro, no contar con metas claras y precisas, en
definitiva no tienes una vida planificada y te
cuesta tomar decisiones por miedo a perder y no
tener los resultados que esperas.

Aumenta los niveles de confianza en ti mismo Eso
es lo primero que debes hacer. La confianza en
uno mismo es algo que si falta nos produce
enorme sufrimiento. Si no confiamos en que
somos capaces de transformar nuestras ideas en
hechos no podremos hacerlo, porque tu cerebro no
te pone a trabajar en algo que crees que no serás
capaz de acometer.

Cuando tienes una enorme confianza en ti eres
capaz de conseguir lo que te propones, encuentras
las vías para hacerlo, apartas las piedras del
camino. Sin confianza, no es posible.

Tomar   buenas   decisiones   Constantemente
decidimos, y con eso nos arriesgamos al éxito o al
error. Las decisiones en nuestra vida las podemos
tomar de diferentes maneras:

Estilo impulsivo: por lo general toma las decisiones de modo muy rápido, sin reflexión y sin analizar consecuencias de futuro

Estilo dependiente: se deja llevar por los demás: amigos, moda, familia, tomando decisiones acorde con las opiniones o deseos de otros, pero no con las propias.

Estilo autónomo: persona que no se deja influir por nada ni por nadie en sus decisiones

Estilo racional: persona que busca información antes de tomar una decisión, analiza diferentes alternativas, sopesa pros y contras de éstas y al final toma una decisión asumiendo el riesgo de ésta de todos estos estilos, el racional es el que tiene más probabilidad de hacer que tengamos éxito en nuestras decisiones. Y para esto debes seguir lo siguiente.

Identifica claramente el objetivo. Elimina los "debería" y/o "tendría" porque nos olvidamos del objetivo y nos centramos solo en lo que "tendríamos/deberíamos hacer". ¿Cuál es mi objetivo real?

Reduce las opciones a 2, sino te será más difícil decidir. Puedes hacer varias prácticas de abajo para eliminar opciones.

Quédate con lo esencial de cada opción. Lo verdaderamente importante, no todo lo demás que le añade valor y que nos hace perder el foco.

Finalmente tener un propósito y marcarse metas.- **Tus metas deben ser tu prioridad. Si no lo son, la vida se interpone en tu camino y te encontrarás mirando hacia atrás en 5-10 años sin lograr ni una sola de ellas.**

Ir por la vida, sin un objetivo claro, es como parar a un taxi, subirte, y no saber decirle a dónde quieres que te lleve. ¿Piensas que es una buena forma de llegar a tu destino?

Pues es lo mismo. De eso se trata, de tener un destino claro, una meta, y para llegar a esa meta, tienes en primer lugar que tenerla definida.

El analfabeta financiero ve la luz al final del túnel.

Y la ve cuando reacciona, despierta y se da cuenta que no todo puede ser miseria y sufrimiento.... que no solo es sobrevivir... que hay un más allá esperándolo, a el y a los suyos, su familia y es ahí donde encuentra esa inspiración, y ese porque que lo mueve a salir de ese analfabetismo e ignorancia financiera y busca la salida, la luz al final del túnel....

La guía y el conocimiento que le hacía falta, que nos hacía falta a muchos de nosotros segados por la sociedad y su sistema impuesto casi a fuerza desde nuestra infancia.

Pero hay una luz y siempre ha estado ahí enfrente nuestro solo que cubierta por factores ajenos a nuestra propia voluntad cegada por nuestro entorno, nuestros propios padres, amigos, familia, la sociedad etc.

Y esa luz les aparece a todos los analfabetas financieros en el momento en que ese porque y esa inspiración que puede ser su propia familia, ese ser amado o inclusive esa mascota, ese gran sueño q' tal vez surge de la nada cuando de corazón se da cuenta que no vino a este mundo solo a sobrevivir y a pasar desapercibido por su entorno, el mismo que lo ha mantenido sumido y marginado....

Y es ahí cuando aparece ese alguien, o ese aviso, esa oportunidad que le abre los ojos a creer en sí mismo y sus capacidades innatas que todos tenemos pero que han estado en la oscuridad cegadas por la ignorancia y el miedo, aparece esa persona o circunstancia que te hace ver o te guía dándote u ofreciéndote el conocimiento que necesitas para buscar otros caminos financieros otras opciones financieras, múltiples fuentes de ingresos que lógicamente con tu decisión y acción te llevaran hacia esa luz al final del túnel.

Y no necesitas de ningún súper título educativo solo de tu voluntad y creencia en ti mismo y en ese porque que te impulsará a derrumbar todas las barreras impuestas por tu entorno, esa fuerte voluntad y deseo te abre las puertas a múltiples fuentes de generar nuevos ingresos financieros rompiendo con todos los esquemas y paradigmas por los que habías estado cegado en esa oscuridad.

Lucha y cree en ese gran porque y veras la luz al final del túnel, del analfabetismo financiero.

Test-para-saber-cuanto-ahorrar-y-como-lo-haces

Las siguientes preguntas te ayudarán a saber cómo está

Tu presupuesto y si tienes que tomar medidas para meterlo

en 'cintura'. ¡Buena suerte!

En ocasiones la situación monetaria de una persona requiere medidas extremas para solucionarla, pero para saberlo no basta con mirarse al espejo. A continuación encontrarás un listado de preguntas que al responder te permitirán determinar la calidad de tu salud económica. Cada pregunta, por supuesto, sugiere un hábito que toda persona con finanzas sanas debe tener.

1. ¿Sabes realmente cuánto gastas mes a mes? (Hábito: conocer cómo se mueven tus gastos)

A. Sí, con total certeza (10 pts.)
B. Aproximado, pero puedo estar desfasada en un 10% (5 pts.)
C. En realidad no sé con claridad (0 pts.)

2. ¿Tienes suficiente dinero ahorrado para vivir tranquilamente si tu trabajo o fuente de ingresos principal dejara de existir? (Hábito: ahorro)

A. Para vivir entre 4 y 11 meses (5 pts.)
B. Mis ahorros no alcanzarían para vivir ni siquiera 3 meses (0 pts.)
C. Dinero ahorrado suficiente para vivir 1 año o más (10 pts.)

3. ¿Cuántas fuentes de ingresos tienes? (Trabajo, otros trabajos, negocios, inversiones, etc...) (Hábito: crear fuentes de ingresos adicionales)

A. 1 ó 2 (2 pts.)
B. 7 ó más (10 pts.)
C. 3 a 6 (5 pts.)

4. ¿Cuántas de estas fuentes de ingresos que tienes no dependen de ti para producir dinero? (Un inmueble del que se perciba el arriendo o una máquina expendedora de snacks son ejemplos de este tipo de fuentes de ingresos) (Hábito: aprender y crear fuentes de ingresos pasivos)

A. 1 ó 2 (5 pts.)
B. 0 (0 pts.)
C. 3 ó más (10 pts.)

5. ¿Tienes un plan económico que te permita tener la certeza de cómo vas a vivir en 10, 15 o

20 años? (Hábito: aprender cómo se hace y tener un plan financiero)

A. No, en realidad no me he ocupado de hacer uno, ni sé cómo (0 pts.)
B. Sí, mis fuentes de ingresos a futuro están claramente establecidas (10 pts.)
C. No, pero estoy documentándome para poder realizarlo (5 pts.)

6. ¿Sabes ya cómo pagar tus gastos o darte gustos sin tocar tu sueldo? (Hábito: aprender cómo hacerlo y tomar una decisión productiva primero TUDPP)

A. No, no sé cómo hacerlo (0 pts.)
B. Sí sé cómo hacerlo y lo practico (10 pts.)
C. Sí sé cómo hacerlo, pero no lo hago (0 pts.) (no es error)

7. ¿Tus compras se hacen de manera programada y bajo presupuestos? (Hábito: saber hacer, tener y respetar un presupuesto)

A. No siempre, pero algunas veces sí (5 pts.)
B. Sí, siempre (10 pts.)
C. Nunca o casi nunca... 'Dios proveerá' (0 pts.)

8. ¿Sabes calcular cuánto dinero realmente saldrá de tu bolsillo cuando haces un préstamo? (Hábito: educarte financieramente y conocer el costo del dinero prestado)

A. No sabía que al pedir créditos tenía que pagar más (0 pts.)
B. Sí conozco bien las tasas de interés y cómo funcionan (10 pts.)
C. Sé que es más dinero del que me prestaron pero no cuánto (5 pts.)

9. ¿Sabes cuáles son las ganancias reales cuando pones tu dinero en una cuenta de ahorros? (Hábito: educarse financieramente y saber cómo funciona el sistema financiero)

A. Sí, conozco bien las tasas de interés y cómo funcionan (10 pts.)
B. No sabía que las cuentas de ahorro producían dinero (0 pts.)
C. Sé que las cuentas producen dinero pero no cuánto (5 pts.)

10. ¿Sabes cómo convertir 10 mil pesos diarios de ahorro en 80 millones en 10 años? ¿Sabes a qué tasa invertir para lograr ese resultado? (La mayoría de las personas que llevan más de 10 años ganando dinero no tiene 80 millones de pesos ahorrados) (Hábito: aprender a invertir y conocer diversas opciones)

A. Ni siquiera sabía que eso era posible (0 pts.)
B. Sí, sé cómo convertir $10.000 diarios en 80 millones o más (10 pts.)
C. No sé cómo hacerlo, pero sabía que se podía hacer (5 pts.)

Resultados

Estás en el peso ideal...

Si obtuviste entre **80 y 100** puntos, tu conocimiento aplicado de las finanzas y las inversiones es óptimo y no solo tu salud financiera debe ser buena, sino que hasta puedes ser candidata para participar en alguno de nuestros talleres o seminarios como oradora.

Llegó el momento de iniciar una dieta, sin necesidad de liposucción

Si, en cambio, tu puntaje estuvo entre **50 y 80,** tu situación no es crítica, pero requiere que no te descuides. Este punto es crucial, puedes potencializar tus finanzas y salir como cohete hacia el cielo o caer muy profundo.

¡Entra al quirófano ya! Necesitas una 'lipo' financiera

Y si los puntos están por debajo de 50 y hasta 25, **necesitas ayuda para hacer cambios drásticos en tus hábitos financieros, especialmente en el de educarte financieramente. Pero si tu puntaje estuvo por debajo de 25, necesitas una cirugía urgente: sabes poco de cómo funciona el dinero, tus hábitos no ayudan a mejorar la situación y desconoces los posibles efectos de no atender ese aspecto de tu vida.**

El Poder de la Mente Subconsciente

Tu mente subconsciente es mucho más poderosa que tu mente consciente. Al aprender cómo entrenar y utilizar tu mente subconsciente serás capaz de controlar tu comportamiento, romper malos hábitos, deshacerte de emociones no deseadas y reparar tu sistema de creencias.

Para utilizar el poder de tu mente subconsciente, primero debes saber cómo funciona. El subconsciente tiene muchas reglas que lo rigen. A continuación hay una explicación de cada una de estas reglas:

Reglas de la mente subconsciente

El subconsciente no distingue las visualizaciones de las situaciones reales: ¿Has visto una película de terror últimamente? Si es así, entonces debes haber notado cómo tu pulso se aceleró con miedo y horror a pesar de no enfrentar un peligro real. En palabras más sencillas, ya que tu mente subconsciente no distingue las situaciones reales de las imaginarias, éste asume que estás enfrentando una amenaza real en vez de una imaginaria. Supongamos que tienes que dar una presentación. Si visualizas tu presentación adecuadamente un par de veces antes de realizarla, entonces tu subconsciente creerá que lo has presentado tan bien en tus "presentaciones" anteriores, que resultará en desempeñarte bien en la presentación real.

Tú subconsciente siente que el tiempo pasa más rápido: ¿Te has preguntado por qué el tiempo siempre parece volar cuando estás haciendo algo interesante? Es porque no miras el reloj cada pocos minutos; algo que probablemente habrías hecho si estuvieses en una situación en la que sientes aburrimiento. Dado que la mente subconsciente no tiene un agudo sentido del tiempo, sentirías como si no hubiera pasado casi nada de tiempo mientras realizas una actividad placentera. Lo mismo sucede cuando te quedas dormido. Cuando duermes, tu mente consciente se vuelve inactiva, mientras que tu mente subconsciente permanece despierta. Es por eso que el tiempo pasa rápido mientras estás inconsciente.

Cuanto más tiempo la mente subconsciente cree en algo, será más difícil modificar esta creencia: Si tienes una creencia de larga data, sin duda será más difícil cambiarla que una recientemente formada.

Cada pensamiento provoca una reacción física: Si piensas que te vas a desempeñar mal en una presentación, tu pulso y frecuencia respiratoria se acelerará tan pronto empiezas a hablar. Estos cambios físicos son causados por eso, la creencia o el pensamiento.

Lo que esperas tiende a hacerse realidad: Si estás seguro de que vas a reprobar un examen, entonces vas a reprobar, incluso si tienes todo lo necesario para pasarlo con éxito. Tus pensamientos y expectativas sirven como el plan maestro de tu mente subconsciente. Así que cada vez que piensas en algo, tu mente subconsciente hará todo lo posible para hacerlo realidad.

Encontrar pruebas de tus creencias las fortalece: Si crees que no eres bien parecido y alguien hace un comentario que confirma tu sospecha, es probable que creas aún más que no eres bien parecido.

La mente subconsciente siempre prevalece en los conflictos con la mente consciente: Si tienes acluofobia (miedo a la oscuridad) y entras a una habitación oscura, sin duda sentirás miedo y ansiedad, incluso si tratas de convencerte conscientemente de que no hay nada a lo cual deberías temer. Esto sucede porque la mente subconsciente es más poderosa que la mente consciente.

Una idea, una vez aceptada, se mantendrá firmemente en su lugar hasta que sea reemplazada por otra: Por ejemplo, hasta el siglo XV la gente creía que la tierra era plana. Cuando se demostró que la tierra era redonda, la gente de ese tiempo simplemente aceptó este hecho nuevo reemplazando la creencia vieja con la nueva.

Cuanto mayor sea el esfuerzo consciente, la respuesta subconsciente es menor: La mejor manera de explicar esto es mediante el ejemplo de alguien que sufre de insomnio (incapacidad para dormir). Tratar de dormir conscientemente solo hará que esta persona esté aún más despierta. Al evitar un esfuerzo consciente y pensar en cualquier otra cosa, le resultará más fácil dormirse.

Sugerencias pueden utilizarse para "programar" la mente subconsciente: Esta es la idea principal detrás de la hipnosis; es decir, enviar sugerencias a la mente subconsciente. El subconsciente acepta todas las sugerencias que se le envían, siempre y cuando la supervisión de la mente consciente está ausente.

Más información sobre la mente subconsciente

¡Despierta! Estabas dormido

Para hacer cambios que perduren en el tiempo hay
que despertar el subconsciente que es el que nos
da las potestades duraderas.

Si no logras pasar al subconsciente seguro que no
harás ni la mitad de las cosas.

Anterior al subconsciente todo "es a lo mejor"
"quizás" pero si pasas esa barrera ya es una
orden… Yo quiero un auto. Yo quiero
abundancia. Yo merezco ese auto ok. Yo quiero
hacer 10000 dolares mensuales, etc, etc.

Como manejar los pensamientos acerca del
dinero, te diría que tienes que primero afrontar la
barrera que lo mereces desde dentro.

Muchos quieren dinero, pero se les va de las
manos, esfuma verdad?

Dirán porque me pasa esto?

Es que tienes la barrera que no te deja. Hay algo en tu interior que te sigue dando problemas en ese tema.

A lo mejor es tu mama o papa dice o decían "para ganar plata hay que trabajar mucho".

Tú no sirves para tener plata. Gastas demasiado. Solo nacimos para ser pobres, etc.

Hasta que tu decidas y digas YO ME MEREZCO SER RICO.

Di afirmaciones:

Yo soy bueno.

Yo soy Rico.

Yo voy a ser Rico.

Yo voy a ser …..

Yo me merezco ser Rico.

Inventa más afirmaciones para tu caso y dilas todos los días incluso en el espejo si deseas al asearte a la mañana. Solo tú y el espejo.

Son ejercicios mentales que te aconsejo hacer todos los días así se te hacen hábitos diarios.

Pensamientos buenos, positivos.

Siempre piensa en positivo.

Vive tu vida en positivo.

Dale la vuelta a las adversidades. Dobla la esquina cuando veas que se acerca el problema y di sale de mi camino problema fueraaaaaa.

Y sigue tu camino feliz!

Te dejo mi libro

Vive tu mejor Vida! Se simple Se feliz!

http://www.amazon.com/dp/B00TKEYBWU

Les regalamos una sesión de 30 minutos para lo que te podamos ayudar.

Manda un email a coachlauralevyros@gmail.com

Con Asunto : Libro Analfabetismo Financiero.

Espera el 2do libro Analfabetismo financiero!!!

Gracias por llegar al fin de este.

Un saludo, abrazo virtual de

Nuestro Equipo 6 ONLINE

Coach Felicidad Laura Levy Ros, Omar Téllez, Henry Rodriguez y Guillermo Vasquez Gomez

Esperamos que sea de mucha ayuda a tod@s este libro hecho desde el corazón, la mente y el alma para todos ustedes.

Vive tu mejor Vida! Se Simple Se feliz!
Coach Laura Levy Ros

www.ingramcontent.com/pod-product-compliance
Lightning Source LLC
Chambersburg PA
CBHW070925180526
45168CB00005B/2158